AF586620

RECVEIL DES MASQVARADES ET IEV DE PRIX A LA course du Sarazin,

FAITS CE KARESME-PRENANT, EN LA PRESENCE de sa Majesté, à Paris,

A PARIS,
Chez GVILLAVME MARETTE, ruë sainct Iean de Beauuais,

Auec permission.

M. D. C. VII.

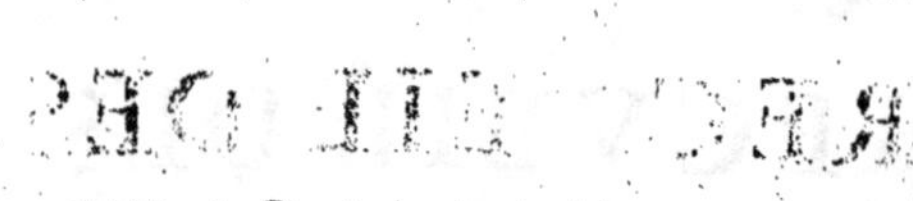

rue St Antoine Le Mardi gras 27 fevrier 1607.

Floridorant 1. Prince de L'Isle de Burgandia (Le seigneur Concine) defie tous Ch.rs au combat et maintient que Le Dedain sied bien a une belle Dame

1. Aymon et ses 4 fils . . . ,, Du Ciel ou les Heros ont les places plus belles
2. Ch.rs des Isles fortunées (Androlée) Prose
Cavalier qui combas pour le dedain des dames
3. Le Ch.r solitaire . . . ,, Tu me vois solitaire en ces fieres campagnes
— autre p. le même . . ,,
4. Les Ch.rs desenchantes . . . Prose
moy qui fais d'Acheron fremir les noires bords
— Archalaus L'enchanteur ,,
5. Les 4 Ch.rs de Grece - - Prose
Grand Roi dont les effets miracles des modeles
6. Le Chevalier Polemantke ,, Belles Juger Le difference
p. aux dames . . . . ,, Chevalier de dedain qui faisant trop de gloire Lingendes.
7. Les Ennemis du dedain ,, Prose
8. Chevaliers Mores - Je suis un Chevalier qui cherche de La gloire
,, Homme Inconnu sans nom et sans demeure
Le Castel . . . . ,,
Reponse . . . . ,,

1. M.r d. Javauny — M.r de Pulvinel, Benjamin, Belvere, Beaupuy.
2. M.r de Balagny
3. M.r de Guiti de Gondy, de Savignac
4. M.r Le Mquis de Coeuvre, franceon, Saultieu du Comte de Cramain
5. M.r de Chastillon, de Varennes, de Coutinans, Mg.r Le Prince de Condé
6. M.r Le Comte de Sommerive.
7. Mg.r de Nemours, Le Ch.r de Guise, Le duc d'Equillon, Grizi, Rosny, Zamet.
8. Mg.r de Guise, de Rohan, M.rs de Crequi, de Trelmes de Termes, Le Ch.r de S.t Luc de Bassompierre, Le général des galères, La Chastaigneraye, le Comte de Sault.

AV LECTEVR,

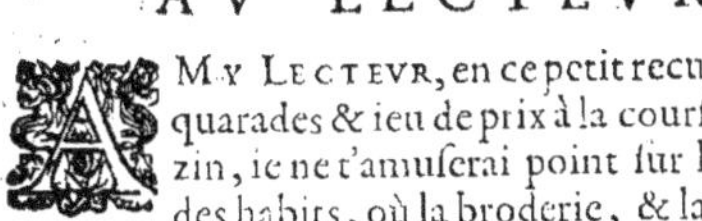

AMY LECTEVR, en ce petit recueil de masquarades & ieu de prix à la course du Sarazin, ie ne t'amuserai point sur la diuersité des habits, où la broderie, & la toile d'or & d'argent furẽt assez prodigalemẽt employez. Ie ne te representerai point aussi la viue clarté d'vn nombre infini de flambeaux, qui seruent ordinairement de lustre aux Balets, & d'esblouissement aux yeux des Assemblees. Mais il me suffit de monstrer la generosité de l'esprit des Princes & Seigneurs de ceste Cour, aussi propres & desireux de r'esiouïr, par galantes inuentions, la graue & puissante Majesté du Roy, en la tranquilité de la paix: comme ils estoient ardens & prompts à lui rendre vne valeureuse obeissance durant la guerre. Tout ce que tu verras ci apres d'escrit par forme de Discours, pense que ie l'ai mis le plus simplement qui m'a esté possible: mesme que s'il y a quelque nonchalance aux vers ou en la prose des Cartels, cela doit estre fauorablement excusé: d'autant que la pluspart de ceux qui s'en sont meslez, les ont faits comme à l'improuiste. Neantmoins, ie te prie de receuoir le tout de pareille affection que ie te le presente.

A Dieu.

En ce que i'ay mis en lumiere
Vous m'aués fourny de matiere
Seigneurs & Prince glorieux
Pardonnez la faute premiere
Vn autre-fois ie feray mieux.

MASQVARADE,

I.

A Masquarade des Eschecs fut la premiere de celles qui m'ont semblé dignes d'estre rapportees, tāt pour l'inuention que parce qu'elle fut faite en deux iours, & parfaitement bien representee.

L'ordre estoit tel, que deux hommes, masquez, estendoient vn grand Eschiquier de toile sur la place, dont les quarrez ou casez estoient blancs & rouges enuiron d'vn pied & demi en grandeur.

Apres cela les violons commençoient à sonner : Et deux habillez à l'Espagnole, auec chacun vne longue baguette à la main, entroient, dançant vn Balet d'vne mesure graue : Et se plaçoient chacun sur vne escabelle dés deux costez de la Sale, vis à vis l'vn de l'autre. Dés qu'ils estoient assis, sur vn autre air de Balet entroient les huict pions incarnats, c'estoient petis enfans qui dançoient fort ioliment, & qui firent entr'eux vn Balet de plusieurs & differentes figures : Et à la derniere chacun se trouua de rang sur sa case. Les autres huict pions blancs eurent aussi leur Balet particulier, bien different en airs, pas, & figures: puis se rendirent en leur place, droit à droit des autres. Les quatre Rocs firent leur entree, Et apres plusieurs figures se placerent derriere les pions, chacun en sa case. Pareillement, les Cheualiers dancerent leur entree, & se rangerent en leurs places. Aussi les Fols, armez de Marottes & Boucliers en la main, auec certaine forme de combats & differentes figures, se trouuoiēt à leur case. Les autres quatre pieces, Rois & Reines, firent aussi leur Balet : Et chacun de ſon coſté ſe rangea à ſon quarré, les rouges auec les rouges, & les blancs auec les blancs. Apres que toutes les pieces furent ainſi rangées de quatre à quatre au ſon de leurs differens Balets, les deux Eſpagnols monterent chacun ſur ſon eſcabelle: lors commença le grand Balet, à l'air duquel toutes les pieces de part & d'autre dançoient, comme s'ils euſſent ioüé: & iuſtement à la cadance les deux Eſpagnols les frappoient, ſuiuant l'ordre qu'il faloit, pour les faire deſmarer: Et chacun en ſa deſmarche d'Eſchec ſe trouuoit en priſe, & ſe chaſſoient hors de l'Eſchequier l'vn l'autre, iuſqu'à ce que les quatre pieces principales demeuroient ſeules, & la partie but à but. Les Eſpagnols deſcendoient, & chacun à la teſte de ſes pieces faiſoit vn tour par la Sale: & paſſans tous pardeuant la compagnie, finiſſoient.

MASQVARADE II.

QVelques iours apres, huict ſe rencontrerent (ſur le ſoir) à la Foire S. Germain: & ſçachans qu'il y auoit vne treſbelle aſſemblee chez Monſ. de Vitri: deſirans la gratifier de quelque gentileſſe, ils reſolurent de ſe Maſquer: de ce pas Môſeig. de Nemours les mena chez luy, & ſur l'heure inuenterent vn Maiſtre de l'Academie d'Hyrlande, lequel recitoit (ſans chanter) ces vers Hyrlandois-François, ou eſt contenu le ſuiet de la Maſquarade:

Moi Ie vous amener d'Irlande
Cet huit naueaux dedans vn bande,
Par toner à vous paſſe-temps:
Se d'vn, les Dam' eſt deſireuſe,
Qu'el fait ſing d'œillad' amoureuſe,
Il randra lui for ben contens.

L'vn sont gentil iouëur d'escrime,
L'autre est luiteur d'vn grand estime,
Estila fut bon baladins.
Les dernier voltige en puissance,
Et d'vn acord en la cadance
Tous monstrer valant Palatins.

La grand Cour France bon lamie
Nous portons nostre Academie
Pour faire à vous comparaison.
S'el est quelqu'vns bragard corage
Que veut sur nous voir l'auantage,
Li Roy iuger s'il est raison.

Damoisels tout plein de bon grace
Par vn pet baille-nous la place,
De son peine il ne veut point rien:
Et quand vous veist leur gentillesse,
Son force & nature l'addresse
Foles, tendres par ian de bien.

Comme ce Maistre auoit fait son recit, les violons sonnoient leur Balet, & deux entrerent dançants parfaitement bien, à contre-temps toutes sortes de dances, & de chacune vn peu, l'vn apres l'autre. Quand ceux-là s'estoient retirez, deux Luiteurs entroient auec mille extrauagans efforts de luitte, prises & reprises de tous costez. Apres, deux escrimeurs, qui firent aussi les plus estranges assauts, coups, & postures qu'il estoit possible. Là dessus ce Maistre de l'Academie amenoit vn cheual dans la Sale, & les deux derniers voltigeoient miraculeusement & dispostement bien: mais, tout à contre tems & contre mesure, neantmoins au son du Balet que les violons ſonnoient & ſuiuant la cadance. Ainſi, l'vn apres l'autre leurs exercices paracheuez, ils ſe remirent tous enſemble, & ſur vn autre air dancerent vn fort beau Balet auec pluſieurs differentes figures, ſi bien que toute l'aſſemblee iugea ceſte Maſquarade eſtre auſſi parfaite, que ſi on euſt demeuré long temps à y penſer & à l'apprendre.

La derniere Maſquarade des Princes & Seigneurs de la Cour a eſté celle qui repreſentoit la Foire ſainct Germain, où pour le ſuiet de l'entree vn petit garçon recita les vers ſuiuans:

Ie ſuis l'oracle
Du miracle
De la Foire ſainct Germain:
C'eſt vne homaſſe
Qui ſurpaſſe
Les effects du genre humain:
Plus admirable
Que la fable
Du puiſſant Cheual de bois:
Car, differente,
Elle enfante
Mille plaiſirs à la fois.
Couppeurs de bource
Sans reſſource,
Peintres, & meſtiers diuers,
Vendeurs de drogues,
Aſtrologues
De ce Monſtre ſont couuerts.
A la cadance
De la dance

Sans

Sans peine elle enfantera:
De sa crotesque
Tout le monde se rira,

Apres ce recit entroit vn habillé en sage-femme, qui sur vn air de Balet assez propre faisoit vn tour par la Sale. Incontinent paroissoit vne grande & grosse femme, richement habillee, farcie de toutes sortes de babioles : comme, miroirs, pignes, tabourins, moulinets, & autres choses semblables. De ce Colosse la sage-femme tiroit quatre Astrologues auec des spheres & compas à la main qui danceoient: Entr'eux vn Balet, & donnoient aux Dames vn Almanach, qui predit tout, & d'auantage, puis se retiroient. Et d'elle sortoient encor quatre peintres, qui dançoient vn autre Balet, Et chacun en cadance faisoit semblant de peindre, ayant en la main baguette, palette, & pinceaux. Et comme ils se retiroient, sortoient de ceste grande femme quatre operateurs ayans vne petite bale au col, comme celle que portent ordinairement les petis merciers, au milieu de laquelle y auoit vne cassolette, & le reste garni de petites phioles pleines d'eau de senteur, qu'en dançant ils donnoient aux Dames, auec quelques certaines receptes, imprimees, pour toutes sortes de maladies. Sur la fin de leur Balet sortoit d'auantage de ce Mostre quatre couppeurs de bourses, qui se faisoient arracher les dents, & au mesme instant leur couppoient la bourse. Comme ils auoient dancé quelque peu ensemble, les operateurs se retiroient, & les couppeurs de bourses continuoient à dancer fort dispostement vn Balet, qui finissoit à gourmades. Apres qu'ils estoient fortis de la compagnie, & que chacun eut donné ces vers qui seront escrits sur la fin, entroit vn Mercure richement habillé, auec vn Lut à la main, qui recitoit le suiet de la grande Masquarade en ces vers:

RECIT,

L'Amour volage, plein de gloire,
Poursuiuant l'Amour arresté,
Lui debat des cœurs la victoire,
Et les feux & les traits que donne la beauté.
Il dit qu'il trouue bien estrange
D'estre constant dessous les cieux:
Qu'il faut changer, puis que tout change:
Ou bien c'est aux mortels vouloir faire les Dieux.
L'Amour arresté se despite,
Et des cœurs se nommant le Roy,
Dit qu'vn obiect plein de merite
Doit rendre pour iamais vn Amant plein de foy.
Tous deux ont les courages braues,
A coups de traits ils le font voir:
Et chacun arme ses esclaues,
A qui, pour toute paye, il donne de l'espoir.
Le Ciel touché de leurs querelles,
Veut qu'ils vous soient representez:
Et les Dieux vous faisans si belles,
De vostre iugement ont fait leurs volontez.
Monstrez duquel vous faites conte
De ces deux, du monde vainqueurs:
Afin qu'au vaincu soit la honte,
Et qu'au victorieux soit l'empire des cœurs.

Apres, entra l'Amour volage, accompagné de huict cheualiers, armez d'arcs & fleches, qui firent vn balet par haut, auec force disposition. Là dessus les violons changerent d'air: & l'Amour costant ou arresté parut, à la teste de huict autres cheualiers, auec des petits iauelots à la main, & plus grauement que les premiers: mais, auec beaucoup de grace & d'agilité ils firent vne fort belle entree. Comme les deux trouppes furent vis à vis l'vne de l'autre, des deux costez de la

Sale on commença à ſonner l'air du grand Balet, & à la cadance ils firent cent differentes figures les vns contre les autres, auec autant de ſortes de combats: ſi bien qu'à la fin l'Amour conſtant triompha de l'Amour volage: & ces cheualiers emmenerent liez les inconſtans, & paracheuerent leur Maſquarade, dont ie laiſſerai l'eſtime, le prix, & la gloire a dire à ceux qui en peuuent iuger au vray & ſans paſſion.

Voicy les vers qui furent donés a lantrée par ceux de la ſuſdite Maſcarade.

ALMANAC,

Almanach, Almanach nouueau,
Plein de veritable preſage,
Figurant le beau temps & l'eau:
Il predit tout, & d'auantage.

Predictions generales.

Le deux fois Roy ceſt an pourra contraindre
Deſſous ſes loix ce que la mer eſtraint:
Du monde alors il ne ſera plus craint:
On ne ſçauroit & l'aimer & le craindre.
Du ieune Lys vn Ange a pris la garde;
La terre l'aime, & le ciel lui ſouſrit:
D'vn bon aſpect vn Aſtre le regarde,
Eſpoir le ſert, & honneur le nourrit.
La belle Fleur que le Ciel fit paroiſtre
Pour contenter vn Guerrier indompté,
Ne verra point accroiſtre ſa beauté:
Car l'Infini ne ſçauroit plus accroiſtre.

Des iours heureux.

Ne cerchez point la cognoiſſance
Des iours heureux ou malheureux:

Car vne nuict de iouissance
Sera le iour des amoureux.

Du Prim-temps.

Les beaux iours & les amourettes
Estans au Prim-temps reuenus,
Sortiront de Mars les fleurettes
Auec les boutons de Venus,
Quelques vns de diuerse humeur
Remplis d'vne soigneuse cure,
Se feront frotter de Mercure,
Ie n'enten pas du Parfumeur.
Au Prim-temps sont d'Amour les festes,
Les champs de couleus, diaprez:
Autant de cornes sur les testes
Comme de fleurs parmi les prez.

De l'Esté.

Le laboureur, durant l'Esté
De sa peine aura recompence:
Mais souuent l'Amant mal traitté
Perdra sa peine & sa semence.
Durant l'Esté, fort peu de glace:
Gardez-vous, Amans inconstans:
Prenans par tout vos passe-temps,
Gardez-vous, Cancer vous menace.
Belles, dites la verité,
N'auoient-ils pas l'ame peu fine
Ceux qui nous ont dit qu'en Esté
Il faloit quitter l'Androgine?

De l'Automne.

Si l'Automne vous ennuye,
Prenez vn double chappeau;

Ou bien, de peur de la pluye,
Cachez-vous au fonds de l'eau.
Qui verra sa femme couchee
Entre les bras de son amant;
S'il croid qu'il ne l'ait point touchee,
Ce sera fait deuotement.
Que durant ces longues soirees
On fera des maris cocus!
Que l'on aimera les purées
D'autre chose que de Bacchus!

De l'Hyuer.

L'Hyuer rendra la terre noire:
Mais, pres de la fin de son cours
Sera de sainct Germain la foire,
Et celle d'Amour tous les iours.
Il ne se faudra contrefaire
Pour en hyuer faire le froid:
Mais, tel sera (tout au contraire)
Plus chaudement qu'il ne voudroit.
Les Limas, en hyuer reclus,
Recelent leurs cornes nouuelles,
Pour les monstrer aux Arondelles;
Ainsi seront tous les cocus.

Des Comettes de ceste annee.

En cest an la grande Comette
Predit que les ombres des morts
(Triboulet, Sibilot, Caillette)
Doiuent r'entrer en nouueaux corps.
Les Dames, en quelque saison
Rendront la nature cognuë
De la Comette cheueluë
Qui couche sous leur Horison.

De l'E'clipse du Soleil.

Au cours de cest an nompareil
Les amans auront des tristesses
N'ayans eclipse de Soleil
Qu'en l'absence de leurs maistresses.

De la Lune.

Si d'ombres la Lune blesmie
Eclipse en ce temps deuers nous,
Elle sera plus que demie
Dedans la teste des ialoux.

Predictions des douze mois.

IANVIER.

Qui voudroit vn procez mouuoir
Contre vne Dame, à porte-clauses
Quelque bon droict qu'il peust auoir,
En Ianuier il perdra sa cause.

FEVRIER.

Au mois ensuiuant, sur la terre
L'hyuer sera fort auancé;
Et l'amour, pour faire la guerre,
S'armera d'vn panier percé.

MARS.

Quand le Coq chantera la game,
Guerre entre les chats & les rats;
C'est en Mars qu'vn saumon reclame
La Roupille de velours ras.

AVRIL.

En Auril, que le iour demeure
Sur nous plus long temps que la nuict,
Si la mer peut bouillir vne heure
Quelque grand poisson sera cuit.

MAY.

Quand le Geai, d'vne voix hardie,
En May dira le temps qui court:
Autant de vins en Normandie
Comme de franchise à la Cour.

IVIN.

En Iuin la cloche & l'audience,
Cartes & dez, trompes & chiens;
Aux goutteux peu de patience,
Aux ioueurs aussi peu de biens.

IVILLET.

Vn Singe fera la mouë
En Iuillet, à Cupidon:
Mais il aura sur la ioue
S'il veut croquer le lardon.

AOVST.

Sous le signe de la Vierge,
Indulgence aux bons maris,
On fera brusler vn cierge;
Gardez les chauue-souris.

SEPTEMBRE.

Durant le mois de Septembre
Vn haran sera botté;
Et ceux qui plaindront vn membre
N'auront pas tousiours santé.

OCTOBRE.

En Octobre, l'eau de roses,
Vne espec, vn chapperon,
Ce seront diuerses choses,
Comme a predit Ciceron.

NOVEMBRE.

Durant le mois de Nouembre
Des pluyes en diuers lieux
Le musc, la ciuette, & l'ambre,
Lunettes aux hommes vieux.

DECEMBRE.

Si l'enfileur de pate-nostre
N'est pas sage, il n'est gueres fin:
Le bout de l'an est à la fin
Et le commencement d'vn autre.

Predictions tirees du Latin de Leouicius, qui n'en parle point.

Peuple, malheur sur vous, quand le sanglant Gerfaut
Et le bleu Limaçon, mari de la Linote,
Vers le Pole Antartiq iront droit comme il faut
Luire comme vn bonnet fait à la matelote.
Ce malheur aduiendra quand le ieune guerrier
Vaillant & genereux ainsi qu'vn pot de chambre,
Voudra, sans dire mot, en sursaut s'escrier,
Belle, ie suis de paille, & vous estes mon ambre.
Alors mille fourmis sous mes pieds abbatus
Rendront leur douce vie au destin d'vne lame,
Pource qu'vn diamant n'aura plus de vertu
Sinon que d'accourcir le talon d'vne Dame.
Mortels, regardez bien le Soleil & ses raiz,
La quenouïlle d'vn lict, le pied d'vne marmite,
Et la lame fatale, au bout de beurre fraiz,
Capable de percer la barbe d'vn Hermite:
Puis vous verrez l'abus qui vient de Sumatra,
Où lon iuge ces vers estre vne prophetie;
Ils sont dans vn Palais où encor nul n'entra,
Escrits en lettre d'or dessus vne vessie.

C'est

C'est Almanach qui predit les desastres
Et le bon-heur aux mortels aueuglez,
N'est pas reiglé selon le cours des Astres,
Mais bien par luy les Astres sont reiglez.

FIN.

Pour l'astrologue aux Dames.

Cest Astrologue volontaire,
Plein d'amoureuses passions,
Cognoist bien les conionctions,
Et les sçait encores mieux faire.

Ce Docteur marche pas à pas;
Le baston de Iacob il porte
Et deux Spheres de bonne sorte;
Il a la reigle & le compas.

L'Astrologue en riant du monde
Et des maux dont nous nous faschons,
Rencontre vne fosse profonde,
Et tombe dedans à bouchons.

Ce Docteur iamais ne repose,
C'est vn Philosophe esprouué,
Tousiours vers le ciel esleué,
Des yeux ou de quelque autre chose.

L'Astrologue, aux Dames.

L'amour, qui mon repos moleste,
M'ira-il sans fin commandant?
Que ne suis-ie vn signe celeste,
Afin d'estre vostre ascendant?

Si la chaleur & la lumiere
Sont les qualitez du Soleil,
C'est la puissance coustumiere
Que ie trouue aux raiz de vostre œil.

Par dessus le rond de la Lune
I'ay veu tout ce qui luit sur nous,
Ces grans coups d'où vient la fortune;
Et n'ay rien veu si beau que vous.

Toute chose est terminee
Par la volonté des Cieux:
C'est aussi ma destinée
De mourir pour vos beaux yeux.

L'alchymiste aux Dames.

BEautez pour qui i'ay tant de braise,
Que i'en souspire nuict & iour,
Ie vous demande vne fournaise,
Pour y fondre vn lingot d'amour.

Ie sçay par cœur vne recepte,
Que ie ne veux pas oublier,
Auec vne liqueur secrette,
Ie sçay fort bien multiplier.

La verité qui m'accompagne,
Ne m'a fait personne tromper,
Ie fay l'or des doublons d'Espagne,
Qu'on nomme la poudre à grimper.

L'amour n'vient pas de la bouche,
Ie m'en suis tousiours defié,
Il semble à l'or purifié,
L'espreuue s'en fait à la touche.

L'Alchymiste aux Dames.

LOrs que le charbon se consomme,
Dedans mon fourneau presque esteint,
Aussi soudain ie le r'allume,
Au feu dont vous m'auez attaint.
Tousiours le soucy m'importune,
Apres l'or vainement courant,
Et d'vne pareille infortune,
Ie me meurs en vous adorant.

Les vendeurs de Bouquets, aux Dam es.

REceuez Beautez sans pareilles,
Ces fleurs de ce temps les merueilles,
Mais ie suis de regret attaint,
De les voir ternir, approchées,
De ces belles fleurs épanchees,
Sur le blanc de vostre beau teint.
Au pourpre de voz belles roses,
Comme au plus beau des belles choses,
Le credule espoir va mourir,
Et sur cet amas de fleurettes,
Les desirs volans comme auettes,
En font du miel pour se nourrir.
De vos yeux les flames si belles,
Feroient naistre des fleurs nouuelles,
Par leurs raiz le monde enflammans,
De leurs feux la terre embrasee,
N'auroit besoin d'autre rosee,
Que des larmes de vos amans.
Qui vous aime il faut qu'il imite,
Mon respect à vostre merite,
Amour m'en donne le dessein,

Qui reduit à tel point ma vie,
Qu'à ce bouquet ie porte enuie,
Pour estre sur vostre beau sein.
Mais si par le cours des annees,
Vous rendez vos belles iournees,
Au temps des beautez le vainqueur,
Cueillez vostre fleur de bonne heure,
De peur qu'en fin elle ne meure,
Vous en restant l'espine au cœur.

L'arracheur de dents, aux Dames.

IE tire les dents de la bouche:
Mais c'est auec vn tel compas,
Qu'alors que ie n'y touche pas,
Vois ne diriez pas que i'y touche.

Ie sens mille feux ardents,
Que pour vous aimer i'endure,
Ma belle ie vous le iure,
En foy d'arracheur de dents.

Pour recompenser mon merite,
Arrachant les dents bien à point,
Permettez que ie vous visite,
Vostre bouche qui n'en a point.

Ie fais qu'vne dent on crache,
En sonnant d'vn flageolet,
Ou de cent pas ie l'arrache,
Auec vn arc à ialet.

On y viendroit comme à la feste,
Et i'en aurois bien plus d'escus,

Si ie tirois hors de la teste,
Les cornes de tous les cocus.

Les maux des dents sont des furies,
Dont ie sçay guarir promptement,
Plusieurs Dames en sont guaries,
Mesme en voyant mon instrument.

Le tireur de blanque aux Dames.

VEnez voir ma blanque nouuelle,
Belles Dames ie vous attends,
Vous gaignerez vne Arondelle,
Qui reuiendra sur le Printemps.
Fidelitez, discretions,
Parole qui sans cesse loüe,
Respect, deuoirs & paßions,
C'est ce qu'à ma blanque ie ioüe.
Belles de qui les ieux si doux,
Me rendent le visage blesme,
Ie veux bien ioüer quant & vous,
Et me veux bien perdre moy-mesme.

Pour les coupe-bourses.

SI vos bourses estoient coupées,
Belles qui pouuez tout sur nous,
De peur que vous soyez trompees,
Nous en auons d'autres pour vous.

Vous estes en nostre memoire,
Et chacun de nous a voulu,

Vous apporter pour vostre foire,
Vne bourse de cuir velu.

Fascheux que le soupçon domine,
Comme mastins tousiours grondans;
Vous ialoux à la triste mine,
Gardez la bourse & les pendants.

Cocus, que la crainte maistrise,
Gardez la bourse & les pendans,
Les deux pieces qui sont dedans,
Aussi bien ne sont pas de mise.

Chacun de nous a prins la course,
Pour se trouuer à ce Balet:
Mais nous ne coupons point la bourse,
Quand nous y trouuons vn poulet.

Nous sçauons faire merueille,
De nostre petit cousteau,
Nous vous dirons à l'oreille,
Vn autre mestier plus beau.

Pour nous payer de nostre ouurage,
Nous n'attendons point à demain,
Car aussi tost, pour nostre vsage,
Nous auons la piece à la main.

Le Peintre.

IE sçay peindre l'eau de nase,
Et l'orme à la vigne ioint,
Vn Rat, vn Once, vne agrafe,
De couleurs qu'on ne voit point.

Ie sçay peindre vne grenoüille,
Qui fait bruster vn buisson,
Vn Rat qui sa barbe moüille,
Et qui fauche du cresson.
Ie sçay peindre vn pucelagé,
Vn soupir, vne clameur,
Ie sçay peindre dauantage,
Et le penser, & l'humeur.
Ie peins la ronce & l'ortie,
L'honneur du monde & le bruit,
Mais ie peins la sympathie,
Que l'on ne voit qu'à minuit.
Ie contrefais à merueille,
Vne grace, vne beauté,
L'œillet, la rose vermeille,
Et l'estuy d'humanité.
Ie peins l'ardoise & le chaume,
Le songe & les visions:
Du sage Maistre Guillaume,
Ie peins les illusions.
Ie contrefais les galoches,
Et l'eau qui tombe souuent,
Ie peins bien le son des cloches,
Et le visage du vent.
Gardez bien qu'on ne vous saigne,
Vous qui partirez demain.
Gardez que ie ne vous peigne,
Zest, ie vous baise la main.
Ie sçay bien la couleur donner,
A quelque beauté viue ou morte,
Auec le pinceau que ie porte,
Ie sçay fort bien enluminer.

Le peintre aux Dames.

I'Efface la gloire d'Apelle,
Et plus que luy ie suis sçauant,
Sur la couche de quelque belle,
Ie sçay faire vn pourtrait viuant.
Mon pinceau sur tous bien apris,
Escrit vne fort grosse lettre,
Ie vous demande pour le pris,
Vn petit estuy pour le mettre.
Vous ne sçauriez pas desirer,
Vn qui sçache mieux la peinture,
Car sans au naturel tirer,
Ie tire bien à la nature.

Le peintre aux Dames.

ON ne sçauroit pas contrefaire,
Vos yeux de flammes animez,
Qui dans mille cœurs enflammez,
Se peuuent eux mesmes pourtraire.
Ie me suis masqué le visage,
Pour voir vostre œil mon cher vainqueur,
Et tirer vostre bel image,
Pour l'auoir aux yeux comme au cœur.
Qui veut peindre tous vos apas,
Porté d'vne audace nouuelle,
Veut plus que le Ciel ne peut pas,
Il n'en peut faire vne aussi belle.

FIN.

AFFIGES DES GRANDS OPERATEVRS DE MIRLINDE, nouuellement arriuez.

AVX DAMES.

LEs dignes operateurs promettent en la faueur de la constellation courante, de mettre à chef toutes les receptes proposees cy apres, au tres-grand contentement de l'vniuers. Si quelqu'vn doute de leur proposition, il ne faut que se presenter à l'applicatoire supernaturel, dont l'experience fera foy. Ce qui se pratiquera cordialement en la presence de tous les absens. &c.

CY COMMENCENT LES RECEPTES MERVEILLEVSES desdits Operateurs.

EAu de iouyssance pour soulager la fiebure amoureuse.

Eau de perles dissoutes auec diamans, distilées au feu de rubis dans vn alambic d'or, pour se faire aymer par force.

Essence de cocuage pour guerir de la ialousie.

Eau de prudence meslée auec Esprit de Socrate, pour guarir de la vanité.

Huile de rasoir auec poudre d'éclat d'vn bourdon de pelerin appliquée finement sur les vertebres, pour oster l'inflammation des langues médisantes.

Essence de martel pour exciter à vigilance.

Essence de desir extraicte au feu d'impatience, incorporée auec fleur de ieunesse, pour deuenir bon guerrier en amour.

Confection d'esperance & de crainte pour entretenir les amoureux.

Extraction du iust des spheres de Copernique & Sacrobosque passees par le zodiaque auec la raclure du mouuement de trepidation, pour gresser les points vertiquaux, & faciliter les pompes de l'vniuers.

Confection tresexcellente des fractions de l'Algebre Theoresmes d'Euclide, meslez auec la quadrature du cercle & les machines d'Archimede, pour dessecher les cerueaux humides.

Lapis d'affliction pour cognoistre facilement le carac d'vn esprit.

Essence du nœud Gordien incorporee auec l'areste du Remore, pour arrester l'affection.

Poudre des cordes des lires d'Amphion, Arion, & Orphee de la flute de Marcie & de Pan, du chant des Serenes, l'armonie des Cieux, Otobales des Turcs, vielles des aueugles, trompes des laquais, & tabourins de Basques, le tout incorporé en haute game, pour faire ouir les sours.

Larmes distilees au feu du veritable amour pour adoucir la cruauté.

Sauon du vieux temps, & d'oubliance pour oter les taches de l'honneur des femmes.

Confection de la cabale des Iuifs, de la tradition des Druides, des Hieroglifiques des Ægyptiens, de l'indifferẽce des Pyroniens, dogmes des Academiques, iointes aux promenades Peripatetiques, pour disputer de toutes choses en peu de temps.

Parfun fait de la raclure des fourreaux des meilleures especes d'Asie, pour oster la mauuaise odeur des faux bruits.

Essences de la negation des criminels, de l'asseurance des coupeurs de bourses, & des cassades des maquerelles de Tripoli, pour se des-embarasser d'vne brouillerie.

Opiate de contentement desiré, auec asseurance de possession, pour des-opiler la rate.

Poudre de l'arche de Noël meslée auec de l'eau de stagire, passée par la toille d'araigne, pour appaiser la douleur des dẽts.

Expression des figures de l'Aretin broyées entre deux draps, pour expulser la malancolie.

Poudre des Pandectes de droit Canon, & Ciuil, Decretales, & institutes, passees par l'esprit de Bartole, Accurce, Balde & Cuias, pour oster les cataractes de l'ignorance des yeux des Iurisprudens.

Eau tiree par imagination des rayons de la Lune, recueillie dans vn Cimetiere, auec la roigneure des ongles de Pluton, pour faire voir les esprits.

Graisse du Perou pour chasser la goutte des pieds & des mains.

Racine d'impossibilité bouillie en eau de temps perdu.

pour redresser les bossus.

Essence de dissimulation pour se faire aymer.

Pessaires composez de cure-dents de Prouence, d'oyseaux de Pologne, de la coignee du Dieu des jardins, auec la maistraisse plume du Rossignol d'Apulee, pour guerir les suffocations de matrice.

Ius des reglements Politiques de ce temps, pour guerir de l'Ambition.

Trocisques de l'arbre de Iudas, & de l'escorce de chanure, pour consoler ceux qui ont perdu leur argent.

Poudre de la nef d'Argos auec la raclure du petit doit gauche du colosse de Rhodes, & de la corne d'Amaltee, sechee au feu d'Ilion, meslee auec de la sueur de Lourse Majeur, pour faire reuenir les cheueux.

Conserue des Eclipses, Oroscopes, & Meteores, pour deuiner le temps passé.

Poudre du tronçon de la lance d'Astolphe meslee auec du sable de Pactole, pour faire tomber vne partie des femmes à l'enuers.

Poudre faicte du nid des Alcions, sechee à l'ombre de la Bastille, pour appaiser les tempestes des factieux.

Poudre de la pierre de Dauid, meslee au sang de Goliath calcinee au fourneau de Vulcan, preparee au bain de Bersabee, pour oster les rides du visage.

Huile de clemence & misericorde, pour guarir des crimes

destat.

Esprit des caprioles de Saturne, des Antrechats de Vulcan, des pirouëtes de Bacchus, pour faire bien dancer.

Huile de vertugadin pour couurir l'hydropisie des Pucelles.

Teriaque des mots nouueaux d'Engouleuent, proprieté de Maistre Guillaume, science du President d'Auuergne, Antousiasme, de Guillaume du Bois, Eloquence de Monsieur Campas, grace de Pierre du Puis, pour faire vn parfait courtisan.

Pomade d'escorce de belle taille, de miel, de douceur d'absinte, de grauité, pour oindre ceux qui ont mauuaise mine.

Eau de fleurs de Ciceron & Demosthene, pour nettoyer la langue.

Eau de scandale pour oster les cors des pieds & les faire voir à la teste.

Vne piece du Ciel empiree, pour faire accoucher les femmes sans douleur.

Poudre de la machoire de Cain d'estrampee en l'eau d'Acheron, infuses dans le Vase de Pandore, pour faire dormir aisement.

Cendres tirees des vrnes de Sapho, Lais, Flore, Messaline, & Liuie pour guerir des palles couleurs.

Essence de prompte iouissance, extraicte du marq de la facieté au bain du changement, pour guerir de l'amour.

Essence tiree de l'armonie d'vn violon, preparee par vn maistre d'Escrime, auec le suc d'vne volte, pour guerir la paralisie.

Opiate d'accomplissement de desir, & de repos d'Esprit, pour gouster le souuerain bien en ce monde.

Plumes de Fenix, pour se rendre facilement inuisibe.

Huile de metempsique, pour guerir de l'ateisme

Pomade de parchemin vierge, faueur de grand, & semence d'auarice, pour s'enrichir en peu de temps.

Poudre de changement, pour fixer le Mercure des Dames.

Essence de la Rozee de Danaé, pour gaigner les soudames.

Vn morceau de la premiere matiere, de la rouille de la faux du temps auec le iust des herbes de Medee, pour raieunir toutes sortes de vieilles gens.

Graine de Fougere meslee auec le sang d'vn Incube passée en l'esprit d'vn sorcier, incorporee en aymant blanc, pour auoir la faueur des grands.

Poudre faicte des Atomes d'Epicure, des Idees de Platon, pilees au mortier d'Anaxarque pour guairir les aueugles naiz.

Masticatoire des transcendans d'Aristote, auec de la poudre de l'escuelle de Diogenes, meslez auec les figures de Despautere, pour faire cracher les pedans.

Eau d'Hypocrene, ou ypocras, pour exciter la fureur

poëtique.

Eau de continence & temperence passees par l'alambic des vertus morables, pour euiter le mal de Naples.

Essence tres-subtile tiree des points & lignes mathematiquales de l'ombre du silence Pitagorique, des songes de Poliphile, auec le gros orteil du fantosme de Brutus. passez dans l'Esprit dun melãcholique, pour faire engendrer les chastrez.

Le reste de l'eau d'Astolfe, pour remettre le sens.

Essence de proportions des lignes auec ceruze, & cinabre, pour embellir incontinent.

Eaux de baiser & atouchemens pour eschaufer vn vieux courage.

Essence de Liesge pour froter la plante des pieds, pour faire croistre les Dames en vn instant.

Remedes communs.

Herbe au Soleil, pour conseruer le teint.

Essence de vitriol, pour le mal des dens.

Satyrion confit pour les entorses de reins.

Poudre de menue pensee, pour la melancolie.

Tripe madame, pour se purger doucement.

Poiure concassé, pour la colique cornue.

Casse de leuant, pour l'amaris.

Ius de Caillette, pour les fossettes.

Eau de licorne, pour la ialouzie.

Peaux de Connin, pour amolir les nerfs.

Corne de lanterne, pour le mal des yeux.

Grains de Geneure, pour la melancolie,

Cire d'Espagne, pour les frenetiques.

Racine de patience, pour toute sorte de maladie.

Outre toutes les susdictes receptes, les operateurs promettent mont & merueille, mesmes de faire parler les Singes, dancer les Ours, voir Taupes & plusieurs autres choses semblables : si vous en desirez voir les preuues, ils se tiennent entre Chien & Loup à la ruë du Bout, contre le grand Maistre vis à vis de l'autre costé, toutes personnes y seront receuës sans payer finance, moyennant leur bonne volonté. Ainsi soit-il.

LEXCELLENCE DES OPERATEVRS, POVR DEXTREMENT arracher les dents.

Il ne s'eſt veu deſpuis cens ans,
Vn ſi beau arracheur de dans.

SI d'entre vous quelque fillette
Souffre ce mal trop vehement
Qu'entre mes mains elle ſe mette
Ie la guariray promtement.

I'ay mille ſortes de receptes,
Bien rares & de grand valeur,
Appliquant mes drogues ſecrettes,
Soudain i'apaiſe la douleur.

Que ſans crainte elle ouure la bouche,
Et ne me donne empechement,
Si du doigt tant ſoit peu i'y touche,
I'y mettray bien mon inſtrument,

Et s'il faut iuſqu'à la chair viue,
Deſchauſſer la dent peut à peu,
I'ay d'vne huille pour la genſiue,
Qui tout à l'heure oſte le feu.

Qu'elle ſoit debout ou couchee,
Mettant mon engin bien à point.
Ie luy rend la dent arrachee,
Qu'elle ne le ſentira point.

Si quelqu'vne à mal qu'elle aproche,
Soudain elle verra dequoy,
Et qu'elle me face reproche,
S'elle n'eſt contante de moy.

Pour les Peintres.

Beauté puissant obiet d'vne ame genereuse,
Si d'ouurages parfaits vous estes desireuse
Espreuuez de nostre art le pouuoir glorieux
Auec la loy du tems toute chose se change,
Richesse, honneur & force, & merite & louange,
Mais la vertu sans plus est compagne des dieux.

D'vn labeur animé plus que celuy d'Apelle,
Ie rens à vos beautez vne gloire immortelle
Si pour les esbaucher vous me donnez vn iour;
Mon cœur sera la planche à l'œuure preparee,
Et pour rendre le tout de parfaite duree,
Ie feray mes pinceau du plumage d'Amour.

Ie veux en trois façons imiter vostre image
Pour la beauté du cors, mes yeux ont l'auantage
De pouuoir admirer ses belles actions:
Vostre voix, par l'oreille aux sens m'est raportee:
Par vostre esprit diuin mon ame est enchantee
Voila ces trois pourtraix de vos perfections.

Puis d'vne conuenance en toutes les parties,
En mes viues couleurs proprement departies
I'obserueray la grace auec l'egalité
Si bien qu'en vous voyant si parfaitement peinte,
Chacun sera touché de vostre image sainte
Comme du vray pourtrait de la mesme beauté.

Suitte pour les Peintres.

Dames de qui la beauté,
Tient nostre esprit arresté.

De grace & par courtoisie,
Permettez nous d'aprocher
Afin de nous despecher
Selon nostre fantasie.

Nous ne sommes point de ceux
Engourdis, & paresseux,
Qui sont dix ans à parfaire:
A l'instant nous acheuons,
Et si nous en retrouuons,
Nous voila prest à refaire.

D'vn pinceau bien emmanché,
Quand nous aurons esbauche
Vous en serez si contente,
Que vous direz tout soudain,
Qu'on y remette la main,
Tant nostre œuure est excellente.

Qui ne suit pourtout subiet,
Que l'image d'vn obiet,
N'est pas hors d'aprentissage,
Ceux là sont moins ignorans,
Qui de subiets diferans,
Enrichissent leur ouurage.

Mais le plus parfait de tous,
Mes Dames, le sçauez vous,
C'est lors qu'en nostre peinture,
L'on rencontre en acheuant,
Comme il arriue souuent
Que l'art passe la nature.

Pour les Coupeurs de bources.

VOicy les enfants sans soucy
Tout de mesme ailleurs comme icy,
C'est leur nature:
Vn tresor ne leur semble rien,
Car ils n'ont pour souuerain bien,
Que l'auanture.

Quand plus ils sont les empechez,
Parmy les foyres & marchez,
Le poußier trote,
Auecques leur mine desaint:
Il n'y a si beau demyceint
Qu'on ne decrote.

Iamais ne sont las ne perclus,
Aux doigts leur tien certaine glus,
Où tout s'atrape.
Et sans faire semblant de rien:
Il n'est fille ou femme de bien,
Qui s'en eschape.

Quand il sont le soir de retour,
C'est qui dira le meilleur tour,
De leur souplesse,
Si l'vn descouure le poulet.
L'autre à relancé le valet,
Et la maistresse

La vie entre eux, est vn plaisir,
Car ils procedent sans desir,
Tout les contante,

Sans estre subjets au Cartel,
Ne cour, ne Dame, ne Martel,
Ne les tourmante.

Depuis le soir, iusqu'au matin,
Si par hazard ils font butin,
De quelque bource.
Aussi tost ils ont pensement,
A le despendre plaisamment,
C'est leur resource.

Plusieurs belles ont esprouvé
De maints ioyaux qu'ils ont trouvé,
A leur vsage,
Les auoir remis en leur mains,
Tant ils ont les espris humains,
Et le courage.

F I N.

RECVEIL DES CARTELZ ET DE CE QVI C'EST PASSE AV IEV DE PRIX à la iouxte du Sarrazin.

PEu de temps au parauant Caresme prenant, courut vn certain Cartel en la forme qu'il sera, cy apres descrit: Ou sous les noms de Florodorantz le seigneur Conccine proposa de soustenir les prix, telz qu'il plairoit de choisir à ceux qui voudroieit debatre contre luy : Et pour ce faire, assigna le iour au Dimanche, xxv. Feburier, mais a cause de la pluye qui suruecint, la partie fut remise au Mardy d'apres iour de Caresme prenant. A c'est effect l'on dressa dans la grande ruë sainct Antoine les

Lices & barrieres propres à telz exercices. Et contre les maisons de chasque costé tant que duroit la Carriere aussi des Eschafaux pour la cõmodité des Dames, & de tous les assistans: Entre-autres sur la main droite vis à vis du Sarazin, celuy du Roy, & de la Royne, fut vn peu plus auãce que pas vn. Audessous estoient ceux qui auoient la charge de recepuoir l'argent des coureurs, & de rendre le prix à mesure qu'ilz se gaignoient. Quand au reste des Ceremonies elles furent de point en point obseruées suiuant la proposition du mainteneur. Pour la magnificence les noms des Princes & Seigneurs qui furent des parties, doit suffire pour satisfaire à toute sorte de curiosité. maintenant il ne reste plus qu'a vous aduertir que tous ceux dont vous trouuerez les noms marquez d'vne petite Estoile gaignerent des pris surquoy ie commenceray, à vous desduire, (apres auoir mis simplemẽt la premiere proposition du Seigneur Conccine) tous les assaillans qui firent mainte belle cource à ceste iouxte, suiuant l'ordre qu'il coururent sans m'admuser en aucune façon n'y à leurs qualités n'y au rang que chascun sçait qu'ilz doiuent tenir quand ilz sont à visage descouuert.

FLORIODORANTS, PRINCE DE L'ISLE DE BVRGANDIA A TOVS LES braues Caualliers.

DAns tous les grands & Tres-puissans Royaumes Orientaux, il n'y a guerrier (pour si renommé qu'il soit) qu'il n'aye esté contrainct par la force de mes armes d'auoüer, qu'il ne se trouuera en tout l'vniuers, Dame qui ne cedde en beauté a celle, pour qui ie me glorifie de viure en seruitude, & ie n'ay aussi pour autre intention laissé apres moy tant de Montaignes, Mers, & Riuieres, ny passé (ie le puis dire) de l'vn iusques à l'autre monde que pour contraindre tous les peuples de l'Occident à tenir la mesme creance. Afin qu'il ne restat sur la terre vne seule partie qui n'admirast & reuerast par dessus toutes les autres ses admirables beautez: Mais ayant arresté mon cours en ceste superbe & glorieuse Court, & apperceu des diuins feux & rayons de la beauté (plus que mortels) en la ROYALE face de celle qui tient le sceptre en ceste vostre bien-heureuse contrée, Ie confesse n'auoir plus l'asseurance d'entrer en lice, n'y porter espée ny armes pour semblable querelle : FOLLE CHI CONTR'AL VER LA SPADA STRINGE, A dit quelqu'vn de voz poëtes de l'Europe, Mais brusle d'vn ardent desir d'honneur, qui est vn puissant aiguillon pour les ames genereuses, & curieux d'esprouuer si la valeur des Caualliers François respond à leur grande renommée (moyennant l'auoir sceu) en ce peu de seiour que i'ay faict incogneu parmy ceste trouppe) Que plusieurs se plaignoient du desdain & rigueur de leurs Dames, Ie me suis aduisé qu'il se presentoit vne iuste occasion de reparer vne telle iniure, & les appeller au combat, considerant qu'il n'y a point de gloire ny d'honneur plus souhaitable que celuy qui s'acquiert pour la deffence des Dames, Rien n'est de plus loüable en vne belle Dame que le desdain, & vn gẽtil Amãt ne doit point imputer à blasme ce qui est digne de loüange? Que seroit Amour qu'vn feu bien lent & couuert de cendre si le vent du desdain ne le descouuroit, rauiuant les flammes & l'ardeur ? Amour à guise d'vn paresseux coursier r'alentiroit sa course au milieu de la carriere s'il n'estoit pressé des aigus esperons du desdain : Qui dira que la beauté ne prenne son origine du Ciel ? Cela estant pourquoy ne doit-elle comme luy tonner & foudroyer pour se faire craindre ? Mais parce qu'il est plus seant à vn Cauaillier de soustenir sa cause auec les armes qu'auec la plume, ie changeray l'vne pour les autres, & laissant à part les raisons, ie m'offre pour maintenir à la jouste du Sarrazin contre tous Cheualiers qui se presenteront soubz les loix & conditions qui s'ensuyuent.

QVE LE DESDAIN SIET BIEN à vne belle Dame.

LE PRINCE FLORICDORANTS.

Les Cheualiers. { Armodonts. Oriodomants. Termodoront. } Furēt presents.

CONDITIONS QVI DOIVENT estre obseruées.

I. QVE chacun Cauallier qui viendra pour courir, ne puisse entrer en l'estacade que premier il n'ait eu permission de Mōsieur le Mareschal du Camp, & declaré le nom soubs lequel il veut courir, & à condition que chacun soit en habillement de masque.

2. Qui arriuera le premier & sera premier enroollé sera aussi le premier à courir selon l'ordre qui sera noté.

3. Les

3. Les Caualliers qui feront admis à courir contre le tenant doiuent courir deux carrieres, & celuy sera tenu auoir gaigné le prix, qui fera plus de coups en cesdictes deux carrieres.

4. Qui donnera dans le petit escu d'argent qui sera au milieu du front, gaignera trois coups, pourueu qu'il donne de poincte en quelque lieu que ce soit dudit petit escu, Qui donnera de poincte en quelque lieu que ce soit de la teste depuis le haut iusques au mẽton gaigneraa vn coup. Qui donnera en la gorge ne perdra n'y gaignera, Qui donnera dans la poictrine perdra vn coup, Et qui donnera dans la targe perdra le prix.

5. Que nul des coups susdicts ne sera tenu valable bien qu'il fust apparent, si la lance donnant le coup contre le Sarrazin ne se romp euidemment & l'on n'en voye voler les esclats separez.

6. En cas de coups pareils, ils doiuent estre disparez par vne autre course & autre lance chacun, & estans encores lesdits coups esgaux se doit continuer en la mesme forme iusques à ce que l'vn demeure superieur à l'autre.

7. Les Caualliers qui perdront lance, bride, estriers, ou leur couëffeure de teste perdront la carriere.

8. Que le tenant, voulant, puisse prendre compagnon.

9. Si le cheual tombe par sinistre accident le Cauallier pourra recommencer sa course, & s'il aduiêt par faute du Cauallier il demeurera vaincu.

10. Chacun pourra courir sans, ou auec le masque ainsi que bon luy semblera.

11. Que des prix qui seront sur le lieu l'on n'en pourra en courant iouër plus d'vn à la fois, & le Cauallier qui le courra sera tenu auant la cource de demeurer d'accord auec le Maistre desdits prix.

12. Que pas vn aduenturier ne puisse ne doiue se promener ny courir dans la carriere, sinon en son rang.

En tous autres auenements & doubtes Messieurs les Iuges doiuent auoir souueraine authorité, & leurs sentences seront sans appel.

Ledict Prix sera le xxv. iour de Feburier 1607. depuis Midy iusques à Souleil couché, en la Ruë S. Anthoine pour soustenir le dessus.

FIN.

LA PREMIERE TROVPE QVI PARVT SVR LA CARRIERE CE FVT Monsieur de SAVOVRNY qui sous le nom d'Aymon cõduisoyt Messieurs de PVLVINEL BENIAMIN.-*) BELVEZE, BEAVPVY.

CARTEL

Pour les quatre filz d'Aymon presenté

AV ROY.

AV Ciel (où les heros ont les places plus belles
Pour auoir combatu, contre les infidelles,
Grãd Roy, ces cheualliers sõt en Frãce venus
Ou par leurs beaux exploits ilz sõt assez cog-
Ioieux de veoir encor florir en vos gendarmes, (*neus*
Ainsi que de leur temps la praticque des armes.
Par moy qui suis leur pere, & par leur grand renom
Vous sçaurez assez tost leur naissance & leur nom
Ilz ont par cy deuant arrousé la campaigne
Du sang des Sarrazins & de celuy d'espagne
Braues freres germains. Mais pour le faire cour,
Ie croy quilz n'ont rien faict s'ilz n'ont veu vostre cour.
Conduitz par le sçauoir de la sage Melisse,
Ie les viens presenter moy mesme sur la lice
Aux yeux de tout le monde affin de faire voir,
Que leur agilité respond à leur pouuoir,
Ilz ont desja paru tant de fois à la Guerre,
Ilz ont desja versé, tant d'ennemis par terre,
Qu'il ne leur reste plus, pour emporter le prix.
Que ce petit labeur par honneur entrepris.
SIRE, soyez leur Iuge: & si quelqu'vn s'aduance,

Pour penser à l'ennuy mieux briser vne lance.
Considerez les coup : Et prononcez soudain,
D'vne dame en amour doit chasser le dedain.

RENAVD, ALART, GVICHARD, RICHARD.

LE SECOND QVI VEINT SVR LA CARRIERE FVT MONSIEVR DE BALAGNY SEVL.

ANDROCLEE CHEVALIER DES ISLES FORTVNEES

A FLORIODORANTS.

SAches Caualier, que ie ne suis point abordé en ceste contrée sans qu'vne diuinité ennemie de ton audace m'ayt conduict pour te la faire perdre. Car aymant comme ie faisoy au delicieux sejour des Isles fortuneés, vne des plus belles Dames du monde, son Desdain aussi grand que sa beauté m'en à faict esloigner, & les lieux mesmes où ie l'auois veuë, de peur qu'ils ne me raportassent au souuenir l'image de son insupportable mespris. Et ie trouue maintenant, que n'ayant peut estre jamais receu de faueur des belles que tu peux auoir adorées, il te semble qu'il leur sied bien d'estre desdaigneuses, comme si le Desdain leur tenoit lieu de merite. Mais ie m'estonne comme tu veux loger ce monstre venu de l'Enfer auec la beauté qui est vn don du Ciel, le Paradis des yeux, & le portraict de la diuinité. Tu monstres bien que tu ne merites pas vn bon traictement de ta Maistresse, puis qu'il ne luy sieroit pas bien de te le donner, ny à toy de le demander à son desauantage. Quoy qu'il en soit, ie ne me contente de quelque legere course : ie te defie à te trouuer

Dimanche quatriesme iour de Mars à ceste mesme heure en ce lieu, armé, auec vne lance à la main, pour maintenir ta proposition, dont ie te veux faire desdire, & aduouër que le Desdain, estant ennemy d'Amour, & la beauté n'estant au monde que pour estre aymée, c'est le principal deffaut qui manque à former vne extreme perfection.

LE TROISIESME CE FVT MONSIEVR DE GVITRI.

CARTEL POVR LE CHEVALIER SOLITAIRE, AYANT SES ARMES Blanches & noires, couuertes de larmes argentées & φφ.

CAualier qui cambas pour le desdain des Dames,
Ie croy bien que pour toy, sont estaintes leurs flames:
Mais pour moy tu sçauras que leurs yeux amoureux.
Respandent nuict & iour des fontaines de larmes,
Ou si tu ne le crois, de ton sang malheureux,
Ainsi que de leurs pleurs ie couuriray mes armes.

Autre Cartel pour le mesme.

TV me vois solitaire en ces fieres compaignies,
Mon audace & mon deuil sont mes seules compagnes,
Ie lamente vn subject qui m'esgale en douleur:
Mais si quelqu'autre à moy compare sa vaillance.
Ma lance fera voir aux braues de la France,
Qu'en guerre & qu'en amour tout cede à ma valeur.

LA QVATRIESME TROVPE FVT CELLE DE MESSIEVRS LE MARQVIS DE COEVVRE, FRANCON. - *) (*au lieu de Monsieur le Compte de Cramain, qui s'estoit blessé*) DE GONDY. - *) DE SAVIGNAC.

Les Cheualiers des Anchantez.

A FLORIODORANTS.

CHEVALLIER qui te vantes de victoires à nous autant incogneuës, comme il te seroit impossible de nous faire aduouër le subject de tes batailles : sçaches que la mesme cause qui t'a fait departir de ton premier dessein, nous touche d'vn semblable respet, (les Dieux ne pouuans receuoir cõparaison des choses mortelles) si bien que nous ne venons sur la carriere que pour disputer des prix. Quand à l'opinion que tu as de soustenir le desdain ie l'atribue à l'exces de ta discretion, ou à celuy de ton desespoir, qui te porte á vouloir faire vne loy generale de ton malheur particulier, Sans t'apperceuoir que conseillants le desdain aux belles, tu te priues volontairement des effects de leur pitié, pour n'estre iamais gratifié que des laides. Que les belles te desdaignent, & les autres te fauorisent, cela nous est indiferent,pourueu que le contraire nous arriue. Aussi nous n'aurons point de debat,n'estant pas raisonnable que le hazard de deux courses iuge les diferens qui se terminent par la force & par la valeur entre Cheualiers:car si nous voulions cõbatre,ce seroit pour maintenir qu'vne Dame fauorable à vn seul, doit mespriser & dédaigner tout le reste du monde.

ARCALAVS L'ANCHANTEVR, Aux Dames.

MOy qui fais d'Acheron fremir les tristes sorts,
Qui cõmande aux Demons au bruit de mes paroles:
D'obscurcir le Soleil, de ranimer les morts,
Troubler les elemens, & renuerser les Poles.

I'ay prins quatre guerriers (par mon art preseruez
De l'Empire du temps) aux champs Hyperborees,
Qui dans vn Char volant sont n'aguere arriuez
Pour voir tant de beautez des Mortels adorees.

Encor que de combatre ils brulent de desir,
Mesprisant les lauriers d'vne victoire fainte,
Maintenant on les voit en armes de plaisir,
Pour ne faire pálir vos visages de crainte.

Et sçachant qu'à la Cour l'inconstance est vertu.
Que la Fidelité est sans vœux & sans temple,
Ils veulent releuer son autel abatu,
Et la faire adorer par force & par exemple.

Chacun s'est habillé de diuerse couleur,
Pour monstrer l'accident qui son ame tourmente,
Les nommant c'est assez pour sçauoir leur valeur,
DOM SILVES, QVADRAGANT, GRADASSE, ET OLIVANTE.

DE CESTE CINQVIESME BANDE FVRENT MESSIEVRS DE CHASTILLON, DE VARENNES, DE COVTENANS, MONSEIGNEVR LE PRINCE DE CONDE.

Les quatre Cheualiers de Grece.

POLEMANDRE. LEOSTENE, ANDROMEGISTE, PHILOCLEE

A FLORIODORANTS.

IL faut que tu ſçaches, Cheualier que nous auons acquis autant, de gloire par noſtre courage en vne infinité de Batailles, comme de contentement en Amour par noſtre fidelité: c'eſt pourquoy nous trouuons auſſi eſtrange que nouueau et que tu oſes ſouſtenir, qu'il ſied bien aux belles Dames d'eſtre déſdaigneuſes. Nous tenons au contraire que le deſdain en vne belle eſt vne vanité qui diminue ſa perfection. Les Dames peuuent bien refuſer le ſeruice d'vn Caualier, meſme auec de la bien-ſeance, mais non pas le dedaigner, car le refus procede de la chaſteté & de la vertu, & le deſdain de la preſõption & du vice. Appren donc Floriodorants à cognoiſtre ce qui eſt du merite des belles, où les obliges mieux à recognoiſtre le tien, car il y à de l'apparence que tu n'en es gueres ſatisfaict. Cependant nous toucherons les prix que tu preſentes pour la courſe, auec vne certaine aſſeurance de noſtre hardieſſe qui nous ſera auſſi fauorable, comme les belles te peuuent auoir eſté deſdaigneuſes. En cela nous aurions pitié de ton infortune Si ton audace à publier que le deſdain ſied bien aux belles, ne meritoit noſtre correction qui te ſera auſſi glorieuſe venant de noſtre main, comme noſtre valeur eſt pardela toute ſorte d'imitation.

LE SIXIESME CEFVT
MONSIEVR LE CONTE DE
Sommeriue seul.

Le Cheualier Polemanthe.

AV ROY.

GRand Roy dont les effaicts miracles des mortels
Nous seruent de miroirs & vous seruent de temple:
Mais vn chacun se trompe à suiure tel exemple,
Qui nous permet l'offrande & retient les autels.
Au bruit d'vn estranger trop superbe de cœur,
Ie vien pour alentir son ardeur eschaufee.
Encor me desplaist il qu'il aura ce trofee
De confesser vaincu de n'auoir pour vainqueur.
Mon courage autresfois esprouuant le hazart,
Contraignoit les vaillans à me rendre vn hommage:
Mais ce rencontre cy m'est bien peu d'auantage,
D'obtenir vn triomphe indigne de Cesar.
Si ie n'aymois la France & de cœur & de foy,
Qui fait à son honneur ces esbats entre-prendre,
En mesprisant ces ieux comme feit Allexandre,
Ie ne m'attaquerois qu'aux vaillans comme moy.
Grand Prince deuant vous ie reçois ces desfits,
Pour vous faire present du succes de mes gloires:
Car i'aprens seulement à gaigner des victoires,
Pour adiouster vn sceptre aux sceptres de vos filz.
Quand les plus redoutez qui iamais ont vescu,
Reuiendroient plus vaillants pour estre de sa garde,
Ie feray, si vostre œil seulement me regarde,
Du plus digne vainqueur mon plus humble vaincu.

Le Cheualier Polemanthe.
AVX DAMES.

BELLES iugez la differance,
Du loyer que nous attendons,
Et donnez nous la recompence,
Telle que nous la demandons.
Tournez vers nous vos belles faces,
Chacun de nous verra son pris,
Ie retiendray vos bonnes graces,
Et luy retiendra vos mespris.
Au partage chacun espere,
Sans le diuiser par moitye
Il combat pour vostre colere,
Ie combats pour vostre amityé.
C'est bien la raison ce me semble,
D'auoir ce que plus on debat,
Nous pouuons sans combatre ensemble
Auoir le pris de ce combat.
Mais sans en faire le partage,
Ie veux monstrer en c'est estour,
Que i'auray le mesme auantage,
Au camp de Mars qu'au camp d'amour.

EN CESTE SEPTIESME TROVPE ESTOIENT MES SEIGNEVRS LE DVC DE NEMOVRS.- *) LE CHEVALIER DE GVIZE, LE DVC DE GVILLON, GRIZI, ROSNY, ZAMET.

L'VN DES ENNEMIS DV DEDAIN A FLORIODORANTS.

SI par la moindre partie de mon merité i'ay tousiours empeché le dedain de prendre naissance dans les cœurs des Dames les plus fieres, par la force de mon bras, ie te contraindray à d'esauouër honteusement (si la gloire d'estre vaincu par moy ne texempte de honte) qu'il ne peut seruir à l'amour qu'à esteindre l'ardeur de son feu, par l'exces de sa glace, Et m'asseurant de te faire à l'instant cognoistre & confesser ceste verité par les effets ordinaires, & plus negligez de mon addresse, puis que tu n'as osé appeller ceux de mon courage, ie n'employeray le fer de ma lance que iusques la, ne voulant par la ruine entiere du Dedain oster à celle que i'adore, le moyen de recompenser iustement le soing & les passions que ces yeux en me cherchant, font naistre dans les volontez de tout le monde, ny te priuer des faueurs les plus signalées que tu reçois de ta maistresse, & de celles que tu dois esperer de toute autre.

Les Ennemis du Dedain.

A FLORIODORANTS.

CHeualier de Dedain, qui faisant trop de gloire
De te voir dédaigné, nous pense faire acroire
Qu'à l'Amour le Dedain n'est pas vne poison,
Sçache que nous venons t'aprendre à ton dommage
Qu'endurer le Dedain c'est manquer de courage
Et que le soutenir c'est manquer de raison.

Car par quelle raison se pourroit-il bien faire
Qu'amour changeant d'humeur viue par son contraire,
Et qu'auec des glaçons il se puisse nourrir;
Puis qu'enuers vn Amant le Dedain d'vne Dame
N'est pas tant vn essay pour cognoistre sa flame
Qu'vn outrage insolant pour la faire mourir.

Et comme la Beauté dont nostre ame est éprise
Et qui par la douceur nous priue de franchise
Acquiert par le Dedain le nom de cruauté,
Tout de mesme l'Amour qui souffre sans vengeance
Que l'indiscret Dedain d'vne ingrate l'offance
Ne peut plus estre Amour mais vne lacheté.

Que si quelque Orgueilleuse auec de l'artifice
Sans respect de l'amour dedaigne ton seruice
Empeschant que ton cœur ne puisse estre contant,
Quittes-en le dessein non pas comme impossible,
Mais de peur de monstrer d'auoir l'ame insensible,
En penssant acquerir l'honneur d'estre constant.

Ou consens pour le moins qu'à faute de merite
La gloire d'estre aymé te doit estre interdite
Et qu'auec le Dedain l'amour te fait punir,
Car nous venons exprés tes forces recognoistre
Et te faire aduoüer que tu te fais paroistre
Bien digne de Dedain de l'ozer soustenir.

QVAND A CESTE DERNIERE bande c'estoit Messeigneurs de GVISE, DE ROAN, -*) Messieurs DE CRIQVI, -*) DE TRESME, DE TERMES, -*) LE CHEVALIER DE SAINCT LVC, DE BASSOMPIERRE, LE GENERAL DES GALERES, LA CHASTAIGNERAYE, LE CONTE DE SAVX.

Au Prince de Burgandie.

QVAND vostre cause seroit la meilleure du monde, c'estoit tout ce que la temerité vous pouuoit persuader, que de la disputer auecque nous. Ie vous laisse à penser, estant mauuaise comme elle est, ce qui vous en arriuera. Nous sommes icy pour vous faire desauouër tout ce que vous auez dit : & vous maintenir qu'vne Dame iudicieuse ne dedaignera iamais celuy à qui elle aura permis de la seruir, pourueu qu'il le face auecque la foy, le respect, & l'affection qu'il est obligé. La raison qui est pour nous, & nostre valeur à qui la fortune s'est tousiours assujettie, nous font esperer qu'au lieu de la nouuelle gloire que vous estes venu chercher en ces cartiers, vous y trouuerez la fin de celle que vous dites auoir acquise ailleurs ; & par l'issuë du combat meriterez aussi iustement le mespris de vostre maistresse, comme nous la bonne grace des nostres.

Azarques.	*Vanega,*
Ajamamou.	*Muça.*
Gazul.	*Zaide.*
Malique Alabez.	*Belizarde.*
Almoradis.	*Florinarde.*

Cheualiers Mores.

FIN.

VN NAIN SVR LA FIN DE LA COVRCE, aporta vn Cartel dont la responce y fut faicte sur le champ, parce que l'un & l'autre furent trouues passables, ie les ay icy adioutez pour ayder à ceux qui les eussent peu desirer de les trouuer prontement.

***

CARTEL.

Ie suis vn cheualier qui cherche de la gloire,
Ie veux vous maintenir, Certain de la victoire
Qu'acuser sa maistraisse est luy manquer de Foy,
Qu'vn amant qui se plaint de sa Dame, l'offence
Que le seul regard mesme est vne recompence
Et que plus desirer c'est n'aimer rien que soy.

Demain si le courage à ce combat vous porte,
Bien qu'on vous tient auoir vne ame belle & forte,
Ie vous feray sentir que ce bruit est trompeur,
Et veux mesme en ce lieu par le fer de ma l'ance,
Vous grauer dans le cœur mon nom, & ma vaillance,
Si pour me preuenir vous ne mourez de peur.

REPONSE.

HOmme incogneu, sans nom, et sans demeure,
Ne pence point que pour si peu ie meure,
Tes douze vers ne me rongeront pas,
Au parauant que ie sois autrespas.

Mais si l'enuie & l'ardeur de ta rage,
Veut à ma gloire esprouuer son dommage
Dedans le Champ ie t'attens desireux
Pour te montrer que c'est d'estre amoureux,

Et que de foy de constance & d'adresse,
Autant que toy i'ay pour vne maistresse
Tout maintenant sans remettre à demain
Il ne faut rien que me tendre la main,

Soit à la pique à lespee à la lance
Ie te feray confesser ma vaillance
Et voir en tout que tu n'es q'vn menteurr
Quand que ton fer tu menasses mon cœur

FIN.

www.ingramcontent.com/pod-product-compliance
Lightning Source LLC
LaVergne TN
LVHW011958160826
845678LV00002B/606

* 9 7 8 2 3 2 9 6 7 0 5 9 1 *